LES

PRIVILÉGES

SOUS L'EMPIRE

———— ◦ ————

BRUXELLES

IMPRIMERIE-LITHOGRAPHIE DE HAHN

RUE DU MIDI, 110.

—

1871

LES PRIVILÉGES

SOUS L'EMPIRE

Le jour où la France est tombée écrasée sous le poids des désastres de toute sorte qui sont venus impitoyablement fondre à la fois sur elle, chacun, affolé d'épouvante, et comme en proie à une de ces terribles hallucinations qui troublent momentanément l'esprit, s'est demandé comment tant de malheurs avaient pu si soudainement frapper notre pauvre patrie.

En face de si grandes calamités, la presse, sollicitée par les douleurs du pays tout entier, a dû s'imposer la tâche de rechercher et de faire connaître les causes de ces effroyables désastres.

« C'est en retraçant l'histoire de l'Empire : c'est en faisant la lumière sur tous les actes de ce gouvernement, depuis le crime du 2 décembre, date à jamais néfaste, jusqu'à la catastrophe du 4 septembre, autre date aussi tristement mémorable.

« C'est en mettant tout d'abord en mémoire, cette devise mensongère, *l'Empire c'est la paix.*

« C'est en rappelant au pays trop facilement oublieux, les longues infamies du régime immonde dont sa coupable et complice insouciance a pendant vingt années favorisé l'existence.

« C'est en montrant ces bandes de fonctionnaires de toute sorte qui, sans nul souci de la fortune publique et privée, ni de la dignité de la nation, ne songeaient qu'à émarger au budget, à puiser à pleines mains dans les fonds secrets, et qui, après avoir abusé du prestige et de l'influence que leur donnaient leurs fonctions pour commettre toutes les forfaitures, se faisaient finalement chamarrer de croix et de cordons pour couvrir d'un voile imposant tous leurs cyniques exploits.

« C'est en déchirant ce voile trompeur, et en mettant à nu le hideux tableau de toutes les viles passions de ces hommes infects, en précisant le degré de corruption et de démoralisation où étaient tombés ces misérables qui, se vendant corps et âme pour des faveurs, étaient également toujours prêts à faire trafic de l'honneur de la famille et du pays, et auraient vendu l'Empire lui-même, s'ils avaient trouvé plus de profits ailleurs.

« Enfin, c'est en rappelant les manœuvres, les mensonges, les abus, les fraudes, les scandales, en un mot, les crimes de tous genres de ces hordes malfaisantes pendant la longue période de ce régime corrupteur, que les publicistes ont fait comprendre à la nation désolée les véritables causes des épouvantables catastrophes qui l'ont précipitée dans l'abîme. »

Bien que toutes ces choses attristantes aient été dites et répétées de toute part, et sur tous les tons que peuvent inspirer la douleur et l'indignation ; bien que la lumière soit faite, et que le pays édifié aujourd'hui, soit plein de dégoût, de mépris et de malédictions pour tous ces criminels, on ne saurait néanmoins assez rappeler leurs infamies, et trop accueillir toutes les révélations de nature à flétrir leur odieux régime, surtout quand on voit ces malfaiteurs oser encore, après toutes les hontes, tous les désastres et toutes les douleurs dont ils sont cause, relever effrontément la tête, et concevoir le criminel dessein, et l'espoir de venir s'asseoir, et dominer encore sur les ruines qu'ils ont amoncelées sur notre malheureuse patrie.

En présence de ces monstrueuses tentatives,

on se demande si les hommes qui les poursuivent ne sont pas encore plus insensés que criminels, lorsqu'ils songent à ressusciter leur règne, et à nous imposer de nouveaux forfaits.

Sur quoi se basent-ils donc, ces exécrables scélérats, pour nourrir un rêve aussi extravagant? Est-ce parce qu'ils voient encore certains magistrats qui, dissimulant leurs turpitudes sous la pourpre et l'hermine, bravent sur leur siége inamovible le mépris public? Est-ce parce qu'ils ont parmi les leurs certains administrateurs de grande société de crédit public continuant insolemment à occuper leurs fonctions, et à combiner encore peut-être à cette heure, à l'ombre de l'impunité, les moyens d'augmenter leur scandaleuse fortune? Enfin compteraient-ils sur le concours de quelques guerriers capitulards?

Comment ces infâmes conspirateurs peuvent-ils être assez cyniques pour ne pas comprendre que tout est fini pour eux aujourd'hui, et que Dieu et la nation les ont maudits à tout jamais?

Si l'empereur ne se trouve pas encore suffisamment édifié sur les causes de sa chute, qu'il se livre donc au fond de sa retraite de Chislehurst à un sérieux examen de conscience; qu'il porte surtout ses regards sur certains intrigants dont il s'entourait, qu'il comblait de ses faveurs, et qui, par leurs scandales sans nom, ont été l'opprobre de son règne, et en ont effacé les rares pages glorieuses qui auraient pu trouver place dans l'histoire, alors il comprendra la cause de son exil, et l'impossibilité de son retour.

Si le pays, en se complaisant pendant vingt ans au milieu de cette honteuse corruption, et de cette profonde démoralisation, s'est rendu complice de l'Empire, il vient de subir trop cruellement l'expiation de sa faute, pour que la leçon ne lui soit pas profitable : il sait trop aujourd'hui, qu'on n'abandonne pas impunément ses destinées à des bandes d'aventuriers bravant ainsi toutes les lois divines et humaines, et si la nation est assez heureuse pour revoir un gouvernement soucieux de son honneur et de sa prospérité, et dévoué à sa régénération, elle aura la sagesse de se grouper autour de lui pour l'affermir d'une manière inébranlable, et par un concours actif et sincère, elle voudra l'aider à réparer les plaies profondes qui viennent de lui être faites.

Après avoir rappelé d'une manière générale les méfaits de toute sorte consommés sous le régime qui pendant vingt ans nous a fait vivre au milieu de son atmosphère corrompue, et de sa perversité contagieuse, il ne sera peut-être pas inutile, à divers points de vue, de citer quelques faits et quelques exemples particuliers, et de mettre en scène certains de ces aventureux coquins qui ont causé un si grand dommage à la fortune publique et privée de la France.

A propos de tous les scandales reprochés à l'Empire, on a beaucoup parlé des priviléges exorbitants de toute espèce qu'il se complaisait à accorder à ses créatures, et au moyen desquels il les enrichissait d'une façon si rapide et si scandaleuse.

Parmi tous ces personnages si particulièrement privilégiés, il n'en est certainement aucun qui ait obtenu des faveurs aussi grandes et aussi profitables que celles dont s'est vu sans cesse, et à ses souhaits, comblé M. FREMY, gouverneur du Crédit foncier de France.

L'influence que cet habile courtisan puisait dans la protection suprême que ses bassesses lui avaient conquise, était si considérable, qu'elle faisait parfois dévier les fonctionnaires dont le concours, suivant les circonstances, lui était nécessaire; chaque désir exprimé par ce tout-puissant, était considéré comme un ordre supérieur qu'on s'empressait toujours d'exécuter. On a

rarement vu le favoritisme s'imposer aussi effrontément, d'une façon aussi immorale, et se livrer à
de pareils écarts : on peut dire, pour ce qui con-
cerne ce favori, qu'il y avait orgie d'abus.

Si on veut avoir l'explication des préférences
exceptionnelles dont cet intrigant était l'objet en
toutes circonstances, on pourra peut-être la trouver
dans les serviles complaisances auxquelles il devait
lui-même se prêter, selon les exigences de l'Empereur et de l'Impératrice dont il administrait les
petites affaires intimes, auxquels il ouvrait la
caisse de son administration, suivant leurs besoins
et leur convenance, et avec lesquels il combinait
certaines spéculations dans le genre de celle à
laquelle a donné lieu ce fameux emprunt de la
ville de Paris, au sujet duquel se sont élevées de
si vives récriminations lors de la discussion du
budget au Corps législatif.

Parmi les opérations multiples que cet auda-
cieux spéculateur faisait sortir de la faveur inépui-
sable dont il jouissait, on cite plus particulièrement
de nombreuses concessions de travaux d'utilité
publique avec accompagnement de larges subventions, sollicitées et obtenues par des intermé-
diaires, des espèces de plastrons, agents salariés
n'ayant aucune des connaissances nécessaires pour

suivre de semblables entreprises, ne jouissant d'autre part d'aucune influence, d'aucun crédit, et n'offrant aucune garantie morale.

Les concessions et subventions relatives aux canaux d'irrigation étant les plus susceptibles de produire de gros et faciles bénéfices, paraissent surtout avoir été l'objet des préférences et des recherches du gouverneur du Crédit foncier.

Au nombre de ces dernières, celle concernant le canal du Verdon, dans les Bouches-du-Rhône, après avoir été l'objet de nombreux procès entre divers intéressés, a donné lieu à un mémoire assez curieux qu'il nous paraît utile de reproduire, pour mieux faire apprécier cette faveur exceptionnelle et sans bornes qui couvrait cet insolent personnage, et l'influence irrésistible qu'elle exerçait sur les divers fonctionnaires auprès desquels il fallait, selon la nature des affaires, s'adresser et solliciter.

Les révélations que renferme ce mémoire sur tous les agissements coupables auxquels cet autocrate croyait pouvoir impunément recourir pour arriver à se constituer rapidement cette fortune scandaleuse qu'il possède aujourd'hui, suffiront pour faire comprendre l'usage que l'on faisait sous l'Empire des finances du pays.

MEMOIRE

RELATIF A LA CONCESSION DU CANAL DE VERDON

ET A LA VENTE DE CETTE CONCESSION

Le 20 mai 1863, Son Excellence le ministre des travaux publics a rendu un décret accordant à MM. DUSSARD et SELLIER la concession d'un canal destiné à conduire les eaux de la rivière du Verdon dans la ville d'Aix (Bouches-du-Rhône).

L'initiative de ce canal est due à M. PASCAL NICOLAS qui était ingénieur et entrepreneur de travaux publics à Marseille, et qui, sur la proposition et les conseils de M. RIGAUD, maire et député de la ville d'Aix, et devenu plus tard premier président de la cour d'appel, s'était associé MM. DUSSARD et SELLIER, pour poursuivre plus activement et efficacement toutes les démarches que pouvait exiger l'intérêt de ladite concession, en aidant par les influences dont ils disposaient, et particulièrement par l'appui considérable de M. FREMY, gouverneur du Crédit foncier de France, ami du susdit président de la cour d'Aix,

et protecteur bien connu et tout dévoué de
M. SELLIER.

Peu de temps après l'obtention de cette concession, le 20 décembre de la même année,
M. NICOLAS, avant d'avoir eu le temps de réa-
liser aucun des avantages qu'elle comportait,
mourut en laissant cinq enfants, des créanciers, et
pour toute fortune, les droits résultant de son
association avec MM. DUSSARD et SELLIER.

A partir de ce moment, MM. DUSSARD et
SELLIER se considérant comme les seuls propriétaires et maîtres de la concession, sans se préoccuper en aucune façon des droits des enfants
Nicolas et des créanciers de leur père, combinèrent dans l'ombre tous les moyens qui leur
parurent convenables pour en opérer le plus
promptement et le plus avantageusement possible
la vente.

Dirigés à cet effet par M. FREMY, et toujours
aidés de son haut patronage, ils se mirent en
relation avec divers administrateurs du Crédit
foncier d'Angleterre qui, séduits par les brillantes
perspectives que faisait entrevoir le puissant protecteur de M. SELLIER, accueillirent avec empres-
sement les propositions de ces derniers, et résolu-
rent sur-le-champ, de concert avec eux, la création

à Londres d'une grande société par actions, qu'ils combinèrent et constituèrent, sans perdre de temps, sous le nom de *The General Irrigation and Water supply Company of France limited*. Société d'irrigation destinée, ainsi que l'indique assez son titre, à faire plus particulièrement l'acquisition de toutes les concessions de canaux que MM. DUSSARD et SELLIER, agents de M. FREMY, pourraient obtenir, en commençant tout naturellement par celle du canal du Verdon dont la vente lui fut définitivement consentie le 7 février 1865, au prix de *deux millions deux cent cinquante mille francs.*

Les enfants NICOLAS ayant été indirectement informés de ces ténébreux agissements, cherchèrent à connaître les intentions de MM. DUSSARD et SELLIER à leur égard, et après avoir découvert le coupable projet qu'ils avaient formé de les évincer, ils prirent le parti de se concerter avec les créanciers de leur père, et notamment avec M. Desvosseaux leur principal cessionnaire, et de les faire intervenir pour faire valoir tous les droits dérivant de l'association de leur père avec MM. DUSSARD et SELLIER.

En présence de l'intervention et des réclamations énergiques des représentants NICOLAS, MM. DUSSARD et SELLIER ne pouvant plus dissimuler la vente qu'ils avaient consommée avec la Société d'irrigation de Londres, mais voulant néanmoins priver ces malheureux héritiers NICOLAS de toute participation aux bénéfices de cette vente, s'ingénièrent, après avoir opposé mille fins de non-recevoir à leur légitime revendication, à dresser et à opposer un compte de dépenses aussi ridicule que déloyal, duquel il résultait, que non-seulement le prix de la vente se trouvait absorbé, mais que les héritiers NICOLAS restaient leurs débiteurs de sommes considérables.

Enfin ces derniers et leurs créanciers, après avoir épuisé tous les moyens pour amener amiablement MM. DUSSARD et SELLIER à leur tenir compte du tiers auquel ils avaient droit dans le prix de vente de la concession du canal du Verdon, fatigués de leurs manœuvres et de leur insigne mauvaise foi, se résignèrent à recourir contre eux à toutes les voies judiciaires.

Les nombreux procès qui furent la conséquence de la déloyauté de MM. DUSSARD et SELLIER, après avoir duré cinq longues années, et subi tous les degrés de juridiction, se sont enfin terminés le 21 août 1869 par un dernier arrêt de la cour impériale de Paris, présidée, avec un zèle peut-être un peu servile, par **M. DEVIENNE**, arrêt qui, — après avoir trop complaisamment considéré comme sérieux certains actes produits par **MM. DUSSARD** et **SELLIER**, puis avoir admis, avec une facilité déplorable, entre autres articles de ce compte établi par les soins de **M. FREMY** pour le besoin de la cause 1° une première commission de *cent quatre-vingt mille francs* au profit d'un sieur **MARSHALL**, homme sans scrupules, flétri par une banqueroute, et, finalement, l'ami intime et complaisant de ce **M. SELLIER** qui était lui, de son côté, l'homme des besoins de **M. FREMY**;

2° Une autre commission de la somme fabuleuse de *quinze cent mille francs* au profit du Crédit foncier de Londres, dénomination derrière laquelle se cachaient son président et un ou deux administrateurs, compères de **MM. SELLIER** et **FREMY**, et qui seuls partageaient le profit, à l'exclusion des actionnaires du Crédit foncier anglais, — fixait la part revenant aux représentants **NICOLAS** dans le prix de vente de *deux millions deux cent cinquante mille francs*, à la modique somme de cent quatre-vingt-cinq mille francs, somme qui s'est trouvée encore réduite de soixante-douze mille francs environ, par suite des dépenses et faux frais de toute nature qu'ils ont été obligés de faire pour soutenir pendant cinq ans, quatorze procès que leur a fait subir la mauvaise foi persistante de leurs adversaires.

Malgré cet arrêt, et ce qu'on nomme l'autorité de la chose jugée, M. DESVOSSEAUX, le créancier le plus important, et par conséquent le plus gravement atteint, loin de se laisser décourager par cette sentence inique, demeurant au contraire plus convaincu que jamais des connivences et de la déloyauté de MM. SELLIER et consorts, s'appliqua à chercher et à se procurer par tous les moyens possibles la preuve des manœuvres frauduleuses et indignes auxquelles ils avaient eu recours en toutes circonstances pour entraîner la justice, et frustrer les héritiers NICOLAS de leur part dans ce prix de *deux millions deux cent cinquante mille francs.*

Après des recherches et des investigations faites avec une persévérance infatiguable, M. Desvosseaux est arrivé à apprendre :

1º Que cette fameuse Société d'irrigation, *The General Irrigation and Water supply Company of France limited,* ayant complétement fait disparaître, cela sans aucun profit pour les travaux du canal du Verdon, tous les fonds souscrits par les actionnaires, plus *quatre millions* de subventions allouées en faveur dudit canal, par le gouvernement, le département des Bouches-du-Rhône et la ville d'Aix, était en instance auprès de M. le ministre des travaux publics, à l'effet d'obtenir une nouvelle subvention de *deux millions;*

2º Que Son Excellence le ministre, en présence de ce scandaleux gaspillage et d'une administration aussi coupable, ne pensant pas pouvoir soumettre, avec chance de succès, cette nouvelle demande de subvention à l'examen des pouvoirs publics, avait, par la voie de M. DE FRANQUE-VILLE, directeur général à ce ministère, fait observer au président de la Société d'irrigation qu'il serait opportun, avant de poursuivre davantage sur cette demande, de remettre dans la caisse de la Société une somme de *quinze cent mille francs* sur les fonds si rapidement disparus.

Enfin après des démarches extrêmement laborieuses et des plus actives faites à Londres et de tous côtés, M. Desvosseaux est parvenu à se procurer toute la correspondance échangée entre le ministre, la Société d'irrigation, le Crédit foncier de Londres et tous autres intéressés, à l'occasion précisément de cette dernière demande de subvention; il a pu, en outre, se faire remettre tous les documents, tous les traités, en un mot toutes les pièces nécessaires pour bien établir la preuve de toutes les manœuvres frauduleuses dont cette association de bandits voulait le rendre victime, et notamment de celles auxquelles ces agents du gouverneur du Crédit foncier de France ont eu recours pour priver la succession NICOLAS de toute participation à cette énorme somme de quinze cent mille francs, allouée à titre de commission au Crédit foncier de Londres par ce complaisant arrêt de la cour impériale de Paris.

En fouillant dans ces pièces, qui composent un assez volumineux dossier, M. Desvosseaux a trouvé l'explication de ces rapports mystérieux entre MM. SELLIER, FREMY, la Société d'irrigation et le Crédit foncier de Londres, il y a découvert le pacte criminel formé par cette trinité malfaisante pour opérer le trafic non-seulement de la concession et des subventions concernant le canal du Verdon, mais aussi de toutes les autres concessions et subventions qu'on pourrait obtenir du gouvernement français; et elles ont été nombreuses, comme on le verra tout à l'heure.

Le rôle de chacun se trouve très-nettement défini.

A M. SELLIER, au moyen de l'appui de M. FREMY, est dévolue la mission de rechercher et d'obtenir les concessions et les subventions;

LA SOCIÉTÉ D'IRRIGATION est constituée pour en faire l'acquisition. Puis enfin arrive le CRÉDIT FONCIER, ou plutôt deux ou trois de ses membres qui, sous forme de courtages, prélèvent la plus grande partie du prix de vente destiné à être partagé entre tous ces infâmes exploiteurs, dans des proportions convenues d'avance.

L'intervention du puissant gouverneur du Crédit foncier de France au milieu des tripotages de tous genres auxquels se livrait ce hideux accouplement est très-clairement établie par toutes les pièces qui se trouvent entre les mains de M. Desvosseaux : on voit cet intrigant éhonté abusant sans cesse de son crédit et de ses relations pour faire obtenir des concessions et des subventions, en favoriser le trafic et en retirer de gros profits. On découvre également dans ces pièces que, contrairement à l'honorabilité du Crédit foncier de Londres, si hautement affirmée à l'audience de la cour par M. le premier avocat général DUPRÉ LASALLE, plusieurs de ses administrateurs, notamment le président du conseil, ALBERT GRANT, le collègue de M. FREMY, avaient subi de semblables démêlés devant les tribunaux correctionnels de Bruxelles, pour un scandaleux courtage de deux millions cinq cent mille francs, relatif au canal de la Senne, et qu'ils avaient en outre été inquiétés devant les assises de Londres pour des tripotages du même genre.

Muni de ces documents importants, M. Desvosseaux, avec une répugnance facile à concevoir, s'est cependant résigné à se représenter auprès de MM. DUSSARD et SELLIER, pour chercher encore à obtenir d'eux amiablement la réparation du tort pécuniaire que lui causait leur criminel trafic avec le Crédit foncier d'Angleterre.

Mais ces insatiables agioteurs ne pouvant se résoudre, même en présence de ces accablantes révélations, à se départir d'aucune portion des sommes qu'ils ont frauduleusement encaissées, persistèrent dans un refus absolu, prétextant cette fois de cette singulière exigence du ministre des travaux publics, relative au rapport d'une somme de quinze cent mille francs dans la caisse de la Société d'irrigation. Mais en admettant que le ministre, en présence et dans l'intérêt de la nouvelle demande de subvention formée par cette société, ait voulu exiger, pour pallier au moins momentanément la dilapidation dont elle s'est rendue coupable, le rapport d'une partie des sommes si audacieusement soustraites, comment cette exigence, qui ne pourrait dans tous les cas atteindre que la Société d'irrigation dans la personne de ses administrateurs, pourrait-elle concerner MM. DUSSARD et SELLIER, en tant que simples vendeurs de la concession du canal du Verdon? à moins que le ministre n'ait vu aussi en eux de véritables administrateurs, en raison de leur participation clandestine dans le scandaleux trafic auquel s'est livrée cette société. Mais en dehors de ce rôle de complicité occulte qui devra certainement, à un moment donné, les exposer à de nombreuses réclamations, surtout de la part des actionnaires spoliés, mais qui ne peut être confondu avec leur qualité de propriétaires et vendeurs de la concession du canal du Verdon, quel intérêt auraient-ils pu avoir pour se dépouiller si bénévolement (le ministre n'ayant nullement le droit de s'immiscer dans leurs actes purement relatifs à la vente de ladite concession), au profit de la Société d'irrigation d'une somme provenant d'une vente régulièrement consentie et consommée depuis plus de cinq années? Si le ministre, s'y croyant fondé, avait réellement voulu intervenir dans les actes de MM. DUSSARD et SELLIER concernant la concession du canal du Verdon, pourquoi ne les aurait-il pas frappés de la même exigence à l'égard des autres et nombreux canaux dont ils ont aussi vendu à la Société d'irrigation les concessions qu'ils tenaient également de la faveur du gouvernement, et qui ont été pour eux la source de semblables trafics et profits, et dont toutes les subventions ont subi le même sort?

A savoir :

Le canal du Forez, décrété le 20 mars 1863, avec une subvention de 1 112 500 francs.

Le canal de la Nesle, décrété le 5 octobre 1864, également avec subvention.

Le canal de la vallée d'Aure.

Le canal de Saint-Martory, décrété le 16 mai 1866, avec une subvention de 3 000 000 de francs.

Le canal de la Siague, décrété le 25 août 1866, avec une subvention de 115 000 francs.

Le canal de Largens.

Celui de la plaine du Tarn.

Celui de Pamiers (Ariége).

Celui du Lagoin.

On peut juger par la nomenclature qui précède de la valeur de cette exigence du ministre, qui se borne à frapper le canal du Verdon. Cette exigence semble véritablement avoir été combinée autant pour soustraire la somme de quinze cent mille francs aux réclamations des héritiers

NICOLAS, que dans l'intérêt de la demande de subvention de deux millions. Si toutes les sommes qui ont été distraites sur les diverses subventions accordées pour les autres canaux étaient rapportées, on n'aurait certainement pas besoin de solliciter une nouvelle subvention pour le canal du Verdon.

» Comme il faut que chacun soit jugé selon ses œuvres, nous dirons ici que le rôle de M. DUSSARD dans toute cette affaire n'a qu'une assez minime importance; son nom ne figurait que pour empêcher l'attention publique de se porter avec trop de curiosité sur la personne du sieur SELLIER, et de discuter son individualité suspecte.

C'est ce même SELLIER qui avait aussi obtenu la concession du fameux canal de la Beauce dont les travaux étaient évalués à plus de cent millions.

C'est également lui qui a joué, du moins en apparence, un certain rôle dans la Société algérienne.

Enfin, c'est encore ce personnage énigmatique qu'on a vu figurer dans cette déplorable société des approvisionnements qui a eu un si scandaleux dénoûment.

Serait-il permis maintenant de douter de l'intervention occulte du très-puissant gouverneur du

Crédit foncier? et M. Desvosseaux n'aurait-il pas en mains la preuve indiscutable de cette intervention, ne résulterait-elle pas suffisamment de cette pluie de concessions et de subventions qui tombaient si facilement et si abondamment entre les mains de ce SELLIER qui, comme on l'a dit en commençant, n'avait, personnellement, absolument rien qui puisse le recommander à l'attention et aux préférences du gouvernement? Ce n'était qu'un obscur clerc de notaire, ne possédant aucune fortune, aucun crédit, aucune considération, et n'ayant d'autre mérite et d'autre intelligence que sa grande aptitude à comprendre et à accomplir les actes d'indélicatesse qu'on devait exiger de sa souplesse, mais en échange desquels, par exemple, il devait recevoir d'honnêtes rémunérations, qui, de pauvre qu'il était, en ont fait, à ce qu'il paraît, un homme fort riche.

La clef de toutes ces faveurs est donc entre les mains de M. FREMY; le sieur SELLIER n'est qu'un masque, grassement salarié, il est vrai, qui lui était nécessaire, et dont il se sert pour dissimuler sa participation dans tous ces coupables trafics de concessions et de subventions.

Ce qui complète cette série déjà si compliquée d'agissements ténébreux et déloyaux :

C'est la création d'une nouvelle société qui, à l'instigation de M. FREMY, vient d'être substituée à la Société d'irrigation de Londres, sous la dénomination de Compagnie de canaux et travaux publics.

C'est la nomination imposée comme administrateur dans ladite société, de cet agent inséparable et complaisant du gouverneur du Crédit foncier de France, de ce SELLIER qui dirige toute l'affaire à l'ombre d'un directeur de carton. C'est toute cette transformation, combinée dans le seul but de pallier les criminelles opérations de l'ancienne administration, faciliter l'obtention de la subvention sollicitée, et faire taire les actionnaires spoliés dont les vives récriminations avaient déjà provoqué une enquête qui n'a été abandonnée qu'après l'assurance donnée que, par la toute-puissante intervention du protecteur de la Société, on allait obtenir une nouvelle subvention de deux millions du gouvernement français.

Donc pour conclure, cette exigence de convention, de M. le ministre, sans s'attacher davantage à démontrer qu'il n'y a jamais été donné sérieuse satisfaction, surtout en tant qu'elle s'adresserait à MM. DUSSARD et SELLIER comme vendeurs de la concession du canal du Verdon, exigence sur laquelle ils cherchent à s'appuyer aujourd'hui pour se soustraire indéfiniment à toute restitution à l'égard des intéressés NICOLAS, est un prétexte inacceptable qui ne ferait que confirmer la fraude dont tous leurs actes sont entachés, et ne peut détruire les droits desdits héritiers NICOLAS ou de leurs cessionnaires, qui, en présence de cette audace et de cette déloyauté sans frein, sont résolus à soumettre toute cette triste affaire au jugement de l'opinion publique, et avant tout, à provoquer au Corps législatif une interpellation, afin d'empêcher l'allocation de cette subvention de *deux millions*, et préserver les deniers publics d'une dilapidation et d'un gaspillage semblables à ceux au milieu desquels ces indignes agioteurs ont fait disparaître avec le prix de vente des concessions, toutes les subventions dont elles étaient l'objet.

Paris, le 5 juillet 1870.

Après la reproduction de ce Mémoire, il devient
inutile d'insister pour faire apprécier toutes les
manœuvres coupables auxquelles M. FRÉMY a
pu également recourir pour faire sortir de scandaleux profits de toutes les concessions et subventions que sa puissante volonté faisait pleuvoir sur
les agents dont il se servait, et sous le nom desquels elles étaient consenties. On ne peut, en présence de pareilles révélations, que s'associer aux
conclusions du Mémoire, et demander avec une
énergique persistance que l'Assemblée, sans se
préoccuper des personnes et des positions, exige
avec pleine indépendance, comme elle en a le droit,
que le gouvernement ordonne sur-le-champ une
enquête sévère, pour que la lumière se fasse sur
tous ces déplorables agissements, et que leurs im-
pudents auteurs soient dévoilés et contraints à
rapporter dans les caisses de l'État toutes les

sommes qu'ils en ont si audacieusement enlevées.

« Il paraît que cette dernière subvention de deux millions, sollicitée pour le canal du Verdon, aurait été votée : les misérables intéressés à l'obtention de cette subvention, pour soustraire leur proposition à l'examen et à la discussion de la Chambre, auraient profité des préoccupations et du trouble où elle se trouvait au moment de la déclaration de la guerre, pour faire comprendre une somme de *deux millions* dans le budget du ministère des travaux publics qui aurait été voté en bloc et par surprise, contrairement à l'engagement formel pris par le gouvernement de soumettre à l'examen des représentants du pays toute proposition tendant à grever le budget de la France.

S'il en est ainsi, il est urgent que le pouvoir actuel donne les ordres nécessaires pour empêcher, s'il en est temps encore, que cette somme de *deux millions* ne tombe entre les mains criminelles de ces insatiables exploiteurs.

Il est impossible que le gouvernement laisse ces insolents spoliateurs jouir plus longtemps dans l'impunité du fruit de leurs méfaits; le mépris public est insuffisant pour de pareils hommes, ils sont trop habitués à le braver; il faut qu'ils soient soumis à une peine plus sensible; il faut que le gouvernement les force au rapport de la fortune qu'ils ont extorquée au pays, et dont ils profitent depuis si longtemps, et si luxueusement.

Il est vraiment temps de prouver à la nation que l'époque des priviléges et des abus ne doit plus continuer.

Il faut espérer, dans l'intérêt de la morale, de la confiance et du crédit publics, que la Chambre et le gouvernement dans cette circonstance sauront faire leur devoir.

Il semble impossible qu'il se trouve encore aujourd'hui quelqu'un, aurait-il été partisan de l'empire, qui, en présence des turpitudes qui viennent d'être révélées, puisse, s'il est honnête, regretter un gouvernement qui les a commises et favorisées.

E. DESVOSSEAUX,

rue Malher, n° 2.